faca de três gumes

dió christofoletti

poemas

2002 – 2004

Soli Deo Gloria

seio ceia
da anna sabida

17.01.2002

do jeito que nós
somos só nós

27.01.2002

sei tudo
mas não lembro
ainda

30.01.2002

teorias desmancham
sorriso da anna
mexe minhas entranhas

05.02.2002

a tamareira
o camelo na caravana
o sol atrás da duna
o horizonte
o oásis

07.02.2002

masmorra
mas não morra

22.02.2002

código sou que crio
codifico de codifico
acredito

23.02.2002

minha arte

do clássico ao
moderno
da ruptura à
reconstrução

25.02.2002

eu sou teu verso

26.02.2002

paraversando leminski

fora com esse
papo econômico
tudo me parece engodo

eu quero viver de verdade
eu quero novela da rede globo

26.02.2002

do p c ao p c c

09.03.2002

quanto mais
pra fora saio

quanto mais
pra dentro entro

10.03.2002

teve a tv

19.03.2002

o posição a posição

23.03.2002

epitáfio

agora fala o silêncio

31.03.2002

de cifra
a safra
que sangra
na sanha
da senha
de um sorriso

16.04.2002

sou poeta
nas horas vagas
nas ondas cheias

26.04.2002

já cantei
de todas as formas
pra te encantar

agora fico num canto
a te esperar

29.04.2002

minarete de marfim
você sorrindo
e eu assim

29.04.2002

todas as palavras são boas
pra se fazer um poema

todas as horas são boas
pra se viver um dilema

todas as armas são boas
pra se combater o sistema

todas as partes são boas
pra se compor o problema

todas as pautas são poucas
pra expressar tua beleza

29.04.2002

o horizonte
de fronte
me afronta

06.05.2002

o complexo caminho da simplicidade

12.05.2002

a mulher é como
uma flor
tem de regar
tem de cuidar
tem de cultivar
plantar podar colher
ela floresce
colore perfuma
fica viçosa

a mulher é como
um bicho
tem de alimentar
tem de proteger
tem de carinhar
e ela cresce
brilha ilumina
fica radiosa

a mulher é como
um livro aberto
cada linha uma língua
sem roseta que resolva
e ao aventureiro um aviso
nele contém a receita de tudo
e o segredo do paraíso

13.05.2002

sejamos pragmáticos
o paradigma partiu

17.05.2002

nossa língua
inculta e bela
culta e burra

18.05.2002

canto
acalanto
acasala
desencantos

28.05.2002

alto lá
bardo a bordo

29.05.2002

o acinte
é um açoite
se a soma
se assoma
eu assumo
ou sumo

o assunto
é um acinte
se aceito
subtrair
a soma
se some
meu sumo

04.06.2002

letras palavras
peças de montar
desmontar
inventar
transformar

05.06.2002

da minha mãe
herdei o gosto
da música
chico buarque
chico viola
vicente celestino

da minha mãe
herdei o gosto
do cinema
dr. jivago
lawrence
da arábia
a um passo
da eternidade

da minha mãe
herdei o gosto
da arte do belo
do desafio
pois o mundo
é um grande
jogo de montar
é um imenso bordado
e tu me deste
a linha a agulha
técnica de costura
e estou fazendo
meus tapetes
meus bordados

ah mãe o que
seria sem ti
este teu filho
este teu filho
poeta maltrapilho

06.06.2002

tomo a palavra
ela me doma
a gente se amolda

08.06.2002

amore
amore
e labore

23.06.2002

longo
longe
lento

25.06.2002

mundin tadin
ser tão
deserto

27.06.2002

um poeta
se poeta
anomalia

02.07.2002

nós

fazemos o sol nascer
e a lua uivar
ao luar

02.07.2002

ride ridentes
vide videntes

03.07.2002

personalidade
personagem
persona

05.07.2002

fico mundo
quando vais
fico mudo
retumbante
tu vens
fico mudo

gloriosa
bela e Ava
ssaladora
tu és agora

08.07.2002

êxito irmão
siamês do fracasso
não há acaso

10.07.2002

na querência do querer
te quero sempre
te quero muito
te quero bem

15.07.2002

a arte arde nas veias
pulsa na sangue do
museu galeria rua
das letras do poema

16.07.2002

caminho
eu sigo
de cifro

19.07.2002

viva como quem faz arte
faça arte como quem trabalha
trabalhe como quem sonha
sonhe como quem dorme
durma como quem desperta
desperte para sempre

19.07.2002

minha palavra voa
minha palavra ecoa
pássaro errante procura
destino

19.07.2002

no princípio era o verbo
porque Deus deu me o
dom da palavra
poeta eu sou

31.07.2002

caminho reto
me leva a lugar certo
acerto

20.08.2002

arquétipo
arqueológico
atávico tipo

20.08.2002

DO

PROCOM

PRO

COPOM

OI O DOPS

OI O DOPS

OI O DOPS

beleza impar
cor sem par
teu olhar

04.09.2002

vida moderna

móveis
imóveis
automóveis

25.09.2002

o flertar das borboletas
o balir dos sinos
o soar das somas

27.09.2002

olhar de mãe
tudo permeia
ternura

03.10.2002

as pessoas do alto
rápida lentas dispersas
iguais às formigas

as pessoas do alto
iguais iguais iguais
iguais às formigas

03.10.2002

vôo
verso
ventre **LIVRE**

28.10.2002

designo
desenho
o signo

30.10.2002

paisagens
fantásticas

saio pela janela
veja o dia
florescer
a montanha sobre
a bruma

05.11.2002

beijos mil
no céu de anil
o teu olhar

20.11.2002

um pequeno
lembrete
para alegrar teu
coração
nosso amor é para
sempre
como a luz na
escuridão

13.01.2003

boates

como carne no
anzol
na frente do
comércio
as moças

14.03.2003

que nem nenê

céu chuvoso
nenê choroso

30.11.2003

poesia

arte de juntar as letras
e Deus plantar a beleza
entre elas

28.12.2003

vida moderna

com orgulho
sem honra
com vaidade
sem dignidade

28.12.2003

gravata

flâmula que freme no peito

05.01.2004

De muitas
palavras

agora silencio

16.02.2004

na paisagem
as pessoas passam
não pensam
passam
levam suas dores
medos amores

05.04.2004

rio de janeiro

a rocinha e a rosinha

11.04.2004

o jogo dos sete erros

treblinka sarajevo saigon
cabul gaza rochinha Hebron

15.04.20 04

amo teu aroma agreste

03.05.2004

poeta moderno

nada a declamar

17.05.2004

não se iluda
até a paisagem
está de passagem

27.05.2004

horizonte arenoso

em teus olhos

o fogo

27.05.2004

máquina de escrever poema

vou inventar
a máquina de escrever poema

você põe uma moeda
e sai um belo versinho

você põe duas
e sai um haicai

três para um soneto

e assim vai

eita tecnologia porreta

conseguiram
até que enfim
pasteurizar o poeta

à ABL
à nossa Literatura
ao "mercado" literário

sou poeta na terra de analfabetos
os que sabem ler
tem duro o coração
mesmo o meu não é lá muito suave

o deserto é o coração humano
clamo clamo sem ser ouvido

03.06.2004

quando se passa pelo rigor da forma
então se busca uma lírica mais livre

03.06.2004

cantares

conto contas
cantas cantos
conto contos
cantos cantigas
canto cânticos
conto teu canto
cantas canto
contigo cantigas

24.06.2004

a poesia é a arte de trabalhar
de forma objetiva conteúdos
abstratos

12.08.2004

quero ser
palavra doce em tua boca

quero ser
língua viva em tua língua

quero ser
som suave em tua fala

quero
pousar em teu pensamento
sonhar em teus sonhos
debruçar em teu colo
e nunca mais levantar

25.08.2004

inspiração

um remoer
um ruminar
um viver
a procurar

05.10.2004

explicando o vento pra Anna

o vento
só venta
pra ventila

12.10.2004

zoo da Anna

peixe beta zezé
cão imaginário mouse
gato imaginário ping
cão imaginário tomy
cão de pelúcia e musical olhinho
búfalo de pelúcia beks
cão de pelúcia lilito

14.10.2004

se tudo corre
se nada ocorre
só corro para ti

06.11.2004

ô mundo complicado

batata
geneticamente modificada
barata

06.11.2004

venta vento

o vento venta
pra ventilá

o vento venta
que vem de lá

o vento venta
de lá pra cá

o vento venta
pra refresca
pra transforma
a cinza em brasa
e abrasa

08.11.2004

é tudo de araque

Iraque

ou

vietnã

só no noticiário

de amanhã

10.11.2004

versinho do kontra

sonata
soneto
se é branco
eu sou preto

17.11.2004

contra
o livro latifúndio

a palavra alada

o poema espaço

a rima mínima

25.11.2004

poema de um verso só

a lua sobre o farol da avenida Brasil

25.11.2004

economia

questão de
desperdício

08.12.2004

tempos do verbo

14.12.2004

imperativo

conjugues tu

condicional

se é quase
talvez

futuro do presente

quer ver
verá

presente do indicativo

cá
já

gerúndio

girando
girando

infinitivo

começar   até
terminar   aonde
recomeçar   puder
                avistar

+ q perfeito

de novo
de jeito nenhum

pretérito

já era

imperfeito

outra vez
talvez